中世纪
500年—1500年

全 球 视 角 / 纵 观 时 间 / 极 简 通 史

无处不在 的历史

[英] 亚历克斯·伍尔夫 著
[巴西] 维克托·博伊伦 绘
徐赟倩 译

著作权合同登记号：图字 18-2020-030

PARALLEL HISTORY SERIES: THE MEDIEVAL WORLD
Written by Alex Woolf
Artwork by Victor Beuren
First published in Great Britain in 2017 by The Watts Publishing Group
An imprint of Hachette Children's Group
Part of The Watts Publishing Group
Carmelite House
50 Victoria Embankment
London EC4Y 0DZ
Copyright ©The Watts Publishing Group,2017
All rights reserved.

This edition first published in China in 2020 by China South Booky Culture Media Co LTD, Beijing
Chinese edition © 2020 China South Booky Culture Media Co., Ltd.

©中南博集天卷文化传媒有限公司。本书版权受法律保护。未经权利人许可，任何人不得以任何方式使用本书包括正文、插图、封面、版式等任何部分内容，违者将受到法律制裁。

图书在版编目（CIP）数据

无处不在的历史. 中世纪：500年-1500年 /（英）亚历克斯·伍尔夫著；（巴西）维克托·博伊伦绘；徐赟倩译. -- 长沙：湖南少年儿童出版社，2020.10（2021.5重印）
ISBN 978-7-5562-5431-6

Ⅰ.①无… Ⅱ.①亚… ②维… ③徐… Ⅲ.①世界史—中世纪史—儿童读物 Ⅳ.①K109

中国版本图书馆CIP数据核字（2020）第191018号

WUCHUBUZAI DE LISHI · ZHONGSHIJI：500 NIAN—1500 NIAN
无处不在的历史·中世纪：500年—1500年
［英］亚历克斯·伍尔夫 著　　［巴西］维克托·博伊伦 绘　　徐赟倩 译

责任编辑：周 凌 李 炜	策划出品：小博集
策划编辑：何 淼	特约编辑：张丽霞
营销编辑：付 佳 余孟玲	版权支持：辛 艳 张雪珂
封面设计：马俊嬴	版式排版：马俊嬴

出 版 人：胡 坚
出　　版：湖南少年儿童出版社
地　　址：湖南省长沙市晚报大道89号　　邮　编：410016
电　　话：0731-82196340（销售部）　　0731-82194891（总编室）
传　　真：0731-82199308（销售部）　　0731-82196330（综合管理部）
常年法律顾问：湖南崇民律师事务所 柳成柱律师
经　　销：新华书店　　　　　　　　　印　刷：河北彩和坊印刷有限公司
开　　本：787 mm × 1092 mm　1/16　印　张：2
版　　次：2020年10月第1版　　　　　印　次：2021年5月第2次印刷
书　　号：ISBN 978-7-5562-5431-6　　定　价：150.00元（全6册）

若有质量问题，请致电质量监督电话：010-59096394　　团购电话：010-59320018

目 录

引言……………………………………4

政府与社会……………………………6

食品与农业……………………………8

建筑……………………………………10

战争与冲突……………………………12

科学与技术……………………………14

健康与疾病……………………………16

文学与艺术……………………………18

儿童与教育……………………………20

休闲与娱乐……………………………22

犯罪与刑罚……………………………24

宗教……………………………………26

死亡与丧葬……………………………28

术语索引………………………………30

引 言

历史学家发明了"中世纪"这样一个术语来描述欧洲历史上的一个时期，它开始于 5 世纪晚期罗马帝国的衰落，结束于 15 世纪末。在本书中，我们来回顾一下中世纪时期的某些发展——不仅仅是欧洲的发展，而是全世界的发展。

欧洲

罗马帝国灭亡后，基督教会成为欧洲最有权势的机构。文明进入了衰退期，也就是"黑暗时代"，但到了 11 世纪，文化和艺术开始复兴。世俗王国的权力越来越强，城镇规模越来越大，贸易蓬勃发展，一个富商阶层逐渐形成。

在欧洲中世纪早期，教堂是指引人们学习知识的灯塔。

伊斯兰世界

7 世纪，一种新的宗教——伊斯兰教在阿拉伯半岛诞生了。随着穆斯林军队征服中东以及更多地区，伊斯兰教迅速传播开来。到了 8 世纪前半叶，伊斯兰帝国控制了北非、西班牙南部还有亚洲西南部的大部分地区。

14 世纪上半叶，曼萨·穆萨国王统治时期，西非的马里帝国达到了极盛。

信奉伊斯兰教的摩尔人控制了西班牙地区后，在当地修建了科尔多瓦大清真寺。

非洲

在中世纪，非洲部分地区兴起了众多的城市、王国甚至帝国。葡萄牙商人把基督教带到了西非，阿拉伯商人则在北非建立了伊斯兰教。讲班图语的各部族从西非迁移到非洲的东部和南部地区，导致民族大融合，加快了中、南非洲各民族的社会发展进程。

亚洲

540 年，随着笈多王朝的衰落，印度分裂成众多小国，战乱不断。8 世纪，阿拉伯人征服了北印度。10 世纪时，信奉伊斯兰教的突厥人入侵印度，赶走了阿拉伯人，成为印度新的征服者。到了 13 世纪，伊斯兰教成为印度北部的主要宗教。经过魏晋南北朝近 400 年的分裂战乱和朝代更迭，中国于 589 年重新获得统一。又经过几个朝代的兴衰更替，到了 13 世纪，中国的宋王朝连同中亚和东亚的大部分政权被蒙古人摧毁了。

李渊，唐朝的开国皇帝。

政府与社会

到了中世纪,古典时代希腊和罗马的民主政体已基本被遗忘。大多数地区的人们由部落首领、君主或皇帝统治。这些统治者声称"君权神授",通过王位继承或武力征服取得统治权,要求臣民对他们的统治绝对服从。

伊斯兰世界

中世纪早期,伊斯兰帝国的统治者被称为哈里发。最初,哈里发是由穆斯林部落选举产生的,但很快哈里发变成了世袭职位,被权力强大的家族占据,建立了称霸一时的王朝,如倭马亚王朝和阿拔斯王朝。哈里发建立了庞大的官僚机构来管理帝国。到了中世纪后期,伊斯兰世界分裂成几个较小的酋长国和苏丹国,其统治者分别被称为埃米尔和苏丹。

在封建制度下,骑士必须宣誓效忠国王。

欧洲

在封建制度下,人们向上层领主效忠,并为其服兵役,以此换取土地。这种制度有助于将权力集中在富有的精英阶层,而国王在精英阶层的最顶端。有些社会发展出更具代议制性质的政治制度。例如,维京人会召开一种叫作"庭"的大会,公民聚集起来共同决定某项法律是否通过。

阿拔斯王朝在哈里发哈伦·拉希德的统治下达到了极盛。

661 年—750 年 倭马亚王朝统治时期	8 世纪 欧洲出现封建制度
约 700 年—1240 年 加纳王国统治西非	907 年—960 年 中国进入分裂割据的五代十国时期
阿拔斯王朝统治时期 750 年—1258 年	

印加国王被称为印加·卡帕克，意为"伟大的太阳子孙"，是非常神圣的。

美洲

中世纪时期，美洲出现了灿烂多彩的阿兹特克文化和印加文化。阿兹特克人的社会制度等级森严，地位最高的是皇帝，贵族阶层为皇帝效力，战士、祭司和法官都属于贵族阶层。贵族之下是平民，然后是奴隶。印加人的社会结构呈金字塔形，最高的是印加·卡帕克，也就是印加国王，其下有四个总督，分别管理着帝国的四个行政区，同时还有数千名官吏协助管理国家。

中国

在中国，几位强有力的皇帝，例如隋文帝（581年—604年在位）和唐太宗（626年—649年在位）建立起强大的中央集权国家。唐太宗建立了一套专门的行政管理体系，唐玄宗在开元年间将国家划分为15个行政区域，任命忠君的高级官员前去管理，这成为中世纪后期中国政体的基本模式。

1271年，忽必烈建立元朝，1279年统一全国。

14世纪 西非的马里帝国达到极盛

12世纪 西非的贝宁王国建立

穆罕默德·杜尔在位期间，桑海国家成为西非最强大的国家 1493年—1529年

食品与农业

中世纪，农业技术不断进步，尤其是在中国。在欧洲和亚洲，庄园制度占主导地位，农民（农奴或佃农）把他们的一部分收成交给庄园主，以换取艰难时刻庄园主的庇护。

欧洲

在北欧，人们把开阔的土地开垦成条型区域进行耕种，地块之间没有树篱间隔。土地每两年休耕一次，以恢复地力，粪肥被用作肥料，小麦、大麦和燕麦都靠人力播种和收割。公共土地用来放牧。南欧的农民把土地围成一块一块的，在上面种植小麦、橄榄和葡萄。

农民用长柄镰刀收割庄稼。

中国

中国农民使用先进的独轮车、马具和铁犁。他们引入赤黄蚁来捕食祸害橘树的害虫，这是生物防治的一种早期形式。到了宋代（960年—1279年），水稻产量跃居粮食作物首位。13世纪，中国在全国开垦了大量梯田，兴建了很多大型水利灌溉工程。

农民把山坡开垦成梯田，种植水稻。

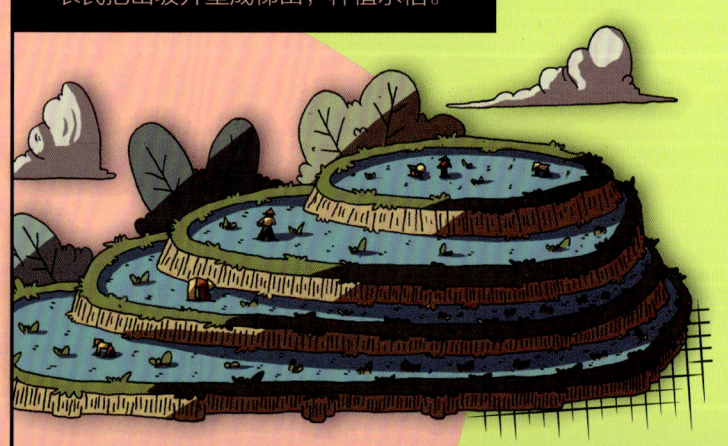

6世纪 北欧引进重型犁

西非士兵开始在战前需要提神的时候吃咖啡豆 **10世纪**

中东商人把加香料的波斯蒸米饭或煮米饭带到了非洲东南部的斯瓦希里海岸 **约11世纪**

印度尼西亚人移居到马达加斯加，把香蕉、面包树、椰子树、甘蔗、芋头和水稻带到了那里 **约9世纪**

欧洲使用轮式犁 **11世纪**

美洲

玛雅人种植玉米、豆类、西红柿、鳄梨、西葫芦瓜和南瓜。到了 15 世纪，阿兹特克人创造了"浮园耕作法"，他们用芦苇编成芦筏，使之浮在水面上，在上面堆积泥土，然后在这种新造的土地上种植作物和果树，利用树根来巩固这些人造的浮动园圃。印加人种植玉米、马铃薯、花生和甘薯。他们开垦梯田以供耕种，建立灌溉系统，引水灌溉。

浮园被固定在水面上，上面铺满肥料和泥土。

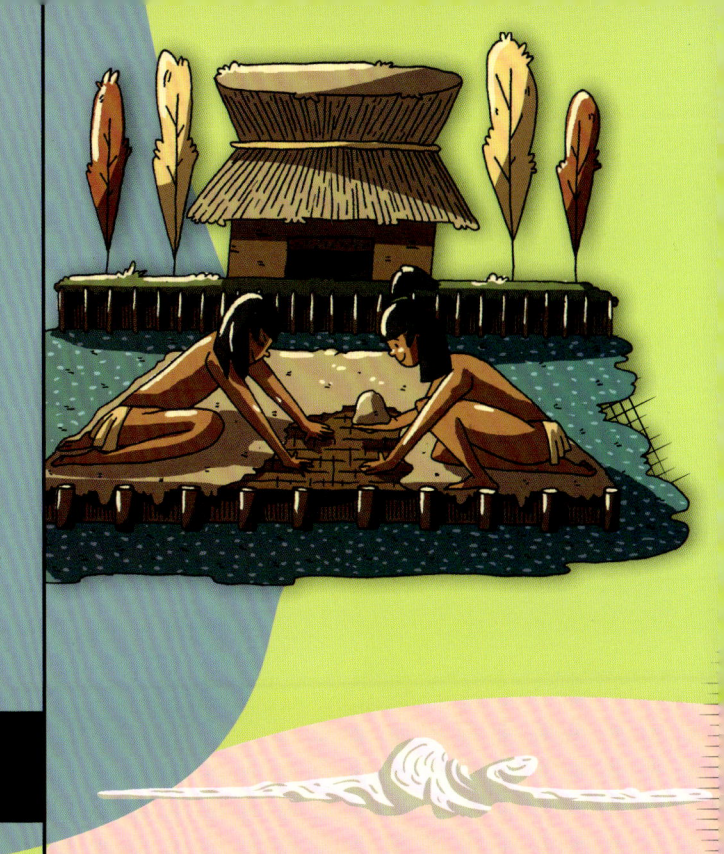

伊斯兰世界

从 8 世纪起，东方的食物经由穆斯林商人传入伊斯兰世界和欧洲，其中包括茄子、菠菜、芦笋等蔬菜，以及小茴香、香菜、肉豆蔻、肉桂等香料。受罗马技术的启发，阿拉伯农民利用水车、水坝和水库灌溉农田。

阿拉伯农民知道如何使用肥料、治理虫害，还通过作物杂交培植出新品种。

---

13 世纪 中国兴建了许多大型水利灌溉工程

木薯、花生和辣椒等植物从美洲传入中非 **约 16 世纪**

14 世纪 欧洲的天气变得更加寒冷潮湿，许多农民转而养羊

1180 年 法国出现了柱式风车

阿兹特克人在他们的城市周边建造浮园，印加人则在安第斯山脉开垦梯田 **15 世纪**

1200 年　　　　1300 年　　　　1400 年　　　　1500 年

建　筑

在中世纪，人们的生活受宗教支配。这一时期最重要的建筑中有一部分是礼拜场所，包括阿兹特克金字塔、欧洲的大教堂和华丽的印度教寺庙。这也是个战争频发的时期，国王和贵族为了防御敌人的进攻，建造了坚固的堡垒。

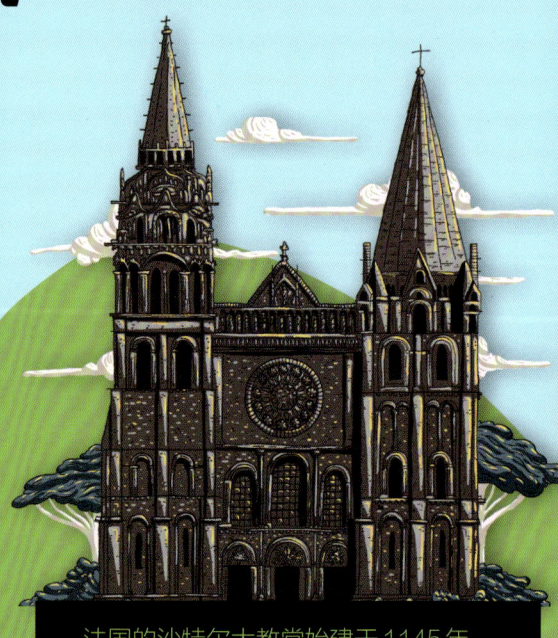

法国的沙特尔大教堂始建于1145年，是哥特式建筑的典范。

柬埔寨的吴哥窟建于12世纪，是世界上最大的宗教遗址。

亚洲

在中世纪，伊斯兰建筑遍布西亚和北非。其特色包括马蹄拱的门窗、圆形的穹顶、繁复的马赛克装饰和带有阿拉伯式纹饰的石雕。
中国和日本的建筑师则建造了许多宝塔。塔身又细又高，有的高达15层，层层塔檐飞伸到空中，上面铺满了瓦片。

欧洲

在11世纪到12世纪之间，教堂主要是罗马式建筑。从12世纪中期开始，一直到15世纪，哥特式建筑占据了主要地位，其特点是薄墙、细柱、尖肋拱顶。10世纪以前，欧洲大多数城堡都是用泥土和木材修建的。从11世纪起，建筑师开始用石头建造城堡。城堡周围建有塔楼，可以更好地抵御攻击。

537年　土耳其伊斯坦布尔的圣索菲亚大教堂建成，这是一座拜占庭式大教堂

691年　圆顶清真寺建成，这是伊斯兰建筑的早期代表之一

美洲

阿纳萨齐人生活的地域在现在的美国西南部。大约在 1100 年到 1300 年之间，他们在悬崖的隐蔽处用石头、土砖和木材建造起自己的住所。

在中美洲，阿兹特克人建造了宏伟的寺庙建筑群，其中包括阶梯式的大金字塔、宫殿、广场和球场。南美洲的印加人则以高超的建筑工艺在山坡上修建了寺庙、宫殿和石堡。

最令人印象深刻的印加建筑是马丘比丘城，该遗迹每年吸引近百万的游客。

在中世纪，撒哈拉沙漠以南的非洲最大的城市是大津巴布韦。现在，大津巴布韦遗址已被联合国教科文组织列为世界遗产。

非洲

在中世纪，非洲建造了许多奇特的建筑。在埃塞俄比亚，有些教堂是从岩壁上凿出来的。马里则在 13 世纪修建了著名的"泥土清真寺"杰内大清真寺。西非的贝宁王国修建了贝宁城，城墙绵延 1.6 万公里。

印度的科纳拉克太阳神庙建成，其主殿形似太阳神的战车 — 约 1250 年

哥特式代表建筑沙特尔大教堂建成 — 1260 年

印加名城马丘比丘城建成，该城坐落在海拔 2430 米的山脊上 — 15 世纪

为了保护贝宁城免受攻击，人们修建了贝宁城墙 — 15 世纪

战争与冲突

在中世纪，由于马镫、火药和"希腊火"（一种早期的火焰喷射器）得到了发展，军队的机动性和杀伤力变得更强。当时是城堡的时代，人们修建城堡是为了防御那些前来抢掠的侵略者，比如维京人、阿拉伯人、蒙古人、匈奴人和东欧的马扎尔人等。

在 14 世纪和 15 世纪早期，长弓是一种非常有效的武器。

阿拉伯弯刀是一种曲线形的长刀，刀身狭窄，刀刃弯曲，非常锋利。

欧洲

封建制度下诞生了一个新的武士阶级，叫作骑士，他们为公爵和国王而战，以换取土地。骑士时代一直持续到 15 世纪末，那时，各国开始组建各自的职业军队，即拿军饷的军队。从大约 1000 年起，为了限制战争，教会做了诸多规定，比如：禁止在礼拜日和节日期间打仗，禁止攻击非战斗人员。对于围攻、投降和俘虏接管，也都各有规则。

伊斯兰世界

早期的阿拉伯军队由装备轻便、行动快速、骑骆驼的战士组成，他们在对抗人数更多的拜占庭军队和波斯军队时取得了辉煌的战绩。在十字军东征期间，阿拉伯军队避免了正面激战，而是采用弓箭手骑马侧面伏击敌人的战术。13 世纪，阿拉伯人开始使用火药，他们也是最早将大炮作为攻城武器的军队之一。

9 世纪 中国人正式发明了火药

西欧基督教（天主教）国家对东部地中海沿岸地区发动的侵略性远征，史称十字军东征 | 1096 年—1291 年

火铳是最早的火药武器之一。

中国

宋朝时期，中国人发明了火器，如火铳、炸弹和把火药绑在箭杆上的火箭，当时的军队规模空前壮大，军队人数超过了百万，以保卫自己的领土不受中亚军队的侵袭。宋朝还创建了中国的第一支海军。当蒙古人攻打中国时，他们带来了威力巨大的攻城武器：抛石机和配重式投石机。

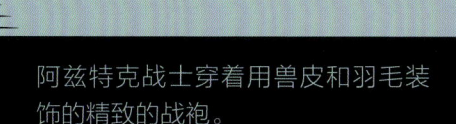

阿兹特克战士穿着用兽皮和羽毛装饰的精致的战袍。

阿兹特克人

阿兹特克人经常打仗。他们征服了敌对的城市之后，就会强迫他们进贡，并把俘虏杀死，作为献给神的祭品。每个阿兹特克男性从小就被当作一位战士接受训练。他们使用的武器包括飞镖、弓箭、投石器、吹箭筒、燧石刀剑、棍棒和匕首。

1206 年—1324 年 蒙古人通过征战，建立了一个庞大的蒙古帝国，它东起朝鲜半岛，西达波兰，北到北冰洋，南至太平洋和波斯湾

约 1235 年 在基里纳之战中，崛起的马里帝国最终击败加纳王国，成为西非的又一霸主

1368 年—1644 年 明朝依据西方的火绳枪，仿制出鸟铳。为了打击沿海的倭寇，明朝人还发明了水雷

在埃及苏丹送给马里皇帝马匹之后，西非的骑兵逐渐崛起 **1324 年**

1337 年—1453 年 英法百年战争

1200 年　　　　1300 年　　　　1400 年　　　　1500 年　　13

科学与技术

中世纪的学者们对天文学、数学、解剖学、机械学和炼金术（化学的雏形）都有研究。与此同时，像助产师、农民和手工艺者这样的普通人，也通过他们的日常工作促进了科学知识的进步。在技术上，印刷业、航海业、金属加工业和纺织业等都有重大发展。

中国

中国人发明的造纸术先后传到了朝鲜、日本和印度。中国人在7世纪时发明了雕版印刷术，现存的印本以868年的《金刚经》最为有名，其字体大小一致，笔画和图画的线条细柔光滑，印刷清晰。罗盘，也就是指南针，是中国的另一项发明，11世纪已在航海中投入使用。

大约在1040年，一个叫毕昇的中国人，发明了活字印刷术，比欧洲早了400年。

伊斯兰世界

大约从9世纪起，阿拉伯学者开始翻译古希腊的经典著作，并在此基础上探索新知识。阿拉伯化学家通过研究，发现了多种酸、碱、碳氢化合物和香水的特性。当时，伊斯兰世界出现了很多百科全书式的学者，阿尔比鲁尼就是其中之一，他在地质学、物理学、数学、医学和天文学方面都有重要的发现。

阿拉伯天文学家绘制星图，记录行星的运动轨迹。

- 7世纪 印度数学家开始采用负数
- 751年 造纸技术从中国传入阿拉伯世界
- 11世纪 卧式织布机传到欧洲，加快了制衣速度
- 973年—1048年 阿拉伯学者阿尔比鲁尼的生卒年份

印度

印度在中世纪时期是一个重要的棉纺织业中心。在 5 世纪到 10 世纪的某个时期，印度人发明了纺车。印度人也很擅长数学，他们发明了一套从 0 到 9 的数字符号。9 世纪时，这套数字符号传到了伊斯兰世界，阿拉伯人把这 10 个符号稍做改动，并于 10 世纪传到了欧洲。

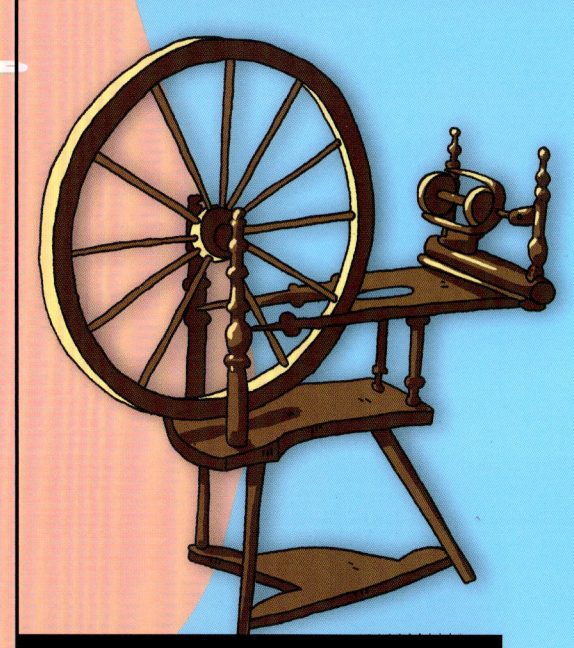

纺车逐渐取代了早期用纺锤手工纺纱的方法。

欧洲

13 世纪，由于许多城市都建起了大学，欧洲对科学的探索重新兴起。意大利哲学家托马斯·阿奎那强调人类理性的重要性。英国哲学家罗杰·培根和德国哲学家阿尔贝图斯·马格努斯认为观察在知识的获取中具有重要作用。在 5 世纪至 15 世纪期间，中国发明的技术开始出现在欧洲，如铸铁术、造纸术、卧式织布机和曲柄摇杆。

索尔兹伯里大教堂的古钟（1386 年）是早期的机械钟。它没有钟面，按小时鸣响报时。

1044 年 威尼斯建造了一座潮汐磨坊，用来碾磨谷物

约 1190 年 水手穿越英吉利海峡时使用磁罗盘，这是有历史记载的欧洲首次使用磁罗盘

14 世纪 欧洲开始用高炉冶炼生铁

健康与疾病

在中世纪的大部分时期，治病用药仍然基于古老的传统和民间传说。医生们对人体的工作原理和疾病的成因大多一无所知。在卫生状况差、人口数量多的城镇，疾病传播得很快，其中，最具毁灭性的是黑死病。14世纪，暴发于中亚的黑死病很快传到了欧洲，夺走了欧洲三分之一人口的生命。

伊斯兰世界

穆斯林学者翻译了古希腊的经典著作，而穆斯林医生则为丰富医学知识做出了贡献。拉齐斯（865年—925年）第一个明确区分了麻疹和天花；伊本·西拿（980年—1037年）撰写了《医典》；阿尔布卡西斯（约936年—1013年）则是一位著名的外科医生。

阿尔布卡西斯在西班牙科尔多瓦城的一家医院里为患者治疗。

欧洲

从11世纪起，古希腊医学家希波克拉底和盖伦的医学思想在欧洲重新兴起。他们教导说，不健康是由于四种体液（如血液、黏液等）的比例失调造成的。医生们使用草药和放血疗法治疗疾病，外科医生则能接起断骨、缝合伤口。

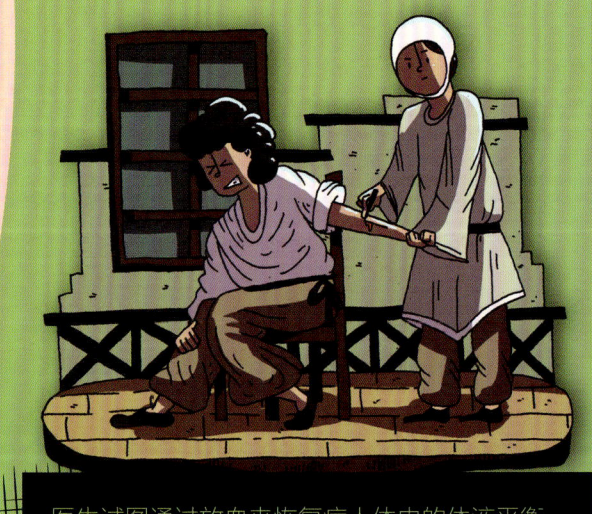

医生试图通过放血来恢复病人体内的体液平衡。

6世纪 麻风病从亚洲蔓延到欧洲

541年—544年 欧洲第一次暴发鼠疫

659年 唐朝时，苏敬等人集体撰成《新修本草》一书，这是世界上第一部由国家颁布的药典，上面列出了850种药物

700年 日本的"瘟疫时代"开始，一系列流行病在日本列岛暴发

865年—925年 伊斯兰学者拉齐斯首先研究出天花和麻疹的鉴别诊断法

10世纪 中国医学家钱乙描述了许多佝偻病的病例，这是一种因缺乏维生素D而引起的疾病

阿兹特克人了解数百种不同的药用植物和草药。

阿兹特克人

阿兹特克人认为，天神的不悦、恶魔的诅咒和自然的因素是引起疾病和损伤的三个原因，因此，阿兹特克医生使用一套包括祈祷、念咒语和草药治疗在内的组合疗法来为病人治疗。阿兹特克外科医生能成功地处理伤口，其方法是先用新鲜的尿液冲洗伤口，再敷草药止血，最后涂上龙舌兰汁，促进伤口愈合。

中国

在5世纪到15世纪，中国医生认为，一个人的健康依赖于个人体内的阴阳平衡。医生通过详细询问病情、仔细观察病人的病征和检查病人的脉搏来诊断疾病。治疗方法包括冷水浴和针灸。

中医认为，在身体的某些部位施以针灸，能使身体的内在之气重新流动起来。

约1010年 伊斯兰学者伊本·西拿著成《医典》　　**14世纪** 麻风病几乎从欧洲消失了

13世纪末 意大利的博洛尼亚大学设立人体解剖专业

文学与艺术

大多数中世纪艺术在本质上都是宗教性的。艺术家们手工绘制华丽的手稿，并在墙上或木板上作画。雕刻家用石头、木头、青铜和象牙制作宗教人物的雕像，或用塑像和浮雕装饰庙宇。作家们则借助宗教故事、神话传说和民间传说，创作史诗和传奇故事。

欧洲

教堂一般有壁画、彩绘木屏和彩色玻璃窗作为装饰，玻璃窗上则绘有《圣经》中的场景和圣徒像。这一时期，越来越多的作家抛弃拉丁文，转而用母语写作，著名的史诗，如完成于8世纪的《贝奥武甫》用古英语写成，完成于1100年的《罗兰之歌》用古法语写成。乔叟的《坎特伯雷故事集》是最早表现有血有肉的真实人物的作品之一。

杰弗里·乔叟，第一位用英语写作的大诗人，死后葬在伦敦的威斯敏斯特大教堂。

伊斯兰世界

大多数伊斯兰艺术采用装饰图案，因为伊斯兰教禁止在宗教艺术作品中描绘人和动物的形象。圣书《古兰经》用花卉和几何图案做装饰，瓷砖、花瓶以及清真寺和宫殿外墙的装饰也是如此。在阿拔斯王朝统治时期，以巴格达为首都，伊斯兰文学进入了黄金时代，厄扎尔和鲁拜是当时比较主要的诗歌形式。

14世纪初期叙利亚的花瓶，瓶身以花卉图案做装饰。

8世纪 手稿装饰艺术始于法兰克王国查理曼的宫廷

10世纪 《一千零一夜》初稿形成，这是一本以波斯故事为基础，吸收了印度、埃及和阿拉伯等民间故事的奇幻故事集

9世纪 西非伊费王国的陶工用陶土为国王塑像

9世纪 英雄史诗《希尔德布兰特之歌》，用古高地德语写成，叙述了从远方归来的父亲与儿子相遇而发生的一场战斗的故事

印度

佛教艺术家把神圣的佛像画在寺庙的墙壁上，还用色彩鲜艳的人物形象装饰经卷。在印度西北部阿旃陀石窟中，有一系列令人惊叹的壁画，讲述了佛陀轮回转世的故事。印度教雕塑家也用雕刻精美的神像来装饰寺庙，这些神像姿态各异，或在跳舞，或在互相拥抱。

1983年，阿旃陀石窟及其佛教艺术杰作被联合国教科文组织列入《世界遗产名录》。

1113年，宋代画家王希孟创作了这幅《千里江山图》。

中国和日本

在7世纪，中国艺术家开始用不同程度的青绿色在丝帛上绘画美丽的风景。中国的诗歌通常都比较短，跟这一时期的中国艺术一样，中国诗歌主要表达意境而不仅仅是描述场景。这时产生了一种新的诗歌艺术形式，叫作"词"，最早是伴随音乐演唱的歌词。中国文学影响了日本的文学作品，其中，大约成书于11世纪初的由紫式部创作的《源氏物语》，是日本文学史上最伟大的文学作品之一。

1140年　西班牙英雄史诗《熙德之歌》成形，本诗歌颂了卡斯蒂利亚国王麾下骑士熙德的英雄业绩

1321年　意大利诗人但丁完成了他的史诗般的巨著《神曲》

儿童与教育

在中世纪的任何一个社会里，迎接新生儿的来到都有特殊的仪式。迎接穆斯林婴儿的是"沙哈达"，即在婴儿耳边轻声诵念清真言。在朝鲜，父母会在门上挂几把药草或几缕羊毛来宣布孩子的出生。印加人会给孩子起个名字，然后在两岁时剪头发。在印度，印度教的父母会让占星师给孩子起名。

一位伊斯兰学者和他的学生们。

14世纪，十几岁的男孩们在巴黎大学学习哲学。

伊斯兰世界

穆斯林男婴在出生后不久或稍后的童年期间接受割礼，这是他们信仰的象征。受教育被视为一种宗教义务，男孩们要学习《古兰经》和圣训，即先知穆罕默德的言行。伊斯兰大学，如埃及的爱资哈尔大学和摩洛哥的卡鲁因大学，是中世纪时期重要的学术中心，特别是在数学、天文学、地理学和医学等方面。在那里，基督徒、犹太人以及穆斯林均可接受教育。

欧洲

新生婴儿在出生几天以后接受洗礼。从7岁起，普通家庭的男孩们就开始给父亲当帮手，学习狩猎、耕田和手工艺等技能。女孩们则跟母亲学做家务活。出身于富裕家庭的男孩可以去上学。这时，教育受教会控制，由教士授课。男孩们学习阅读、写作、拉丁语法和唱歌等课程。

742年—814年　查理曼大帝下令，神圣罗马帝国的每一座大教堂和修道院都要修建学校

859年　摩洛哥的卡鲁因大学成立，这是世界上最古老的大学

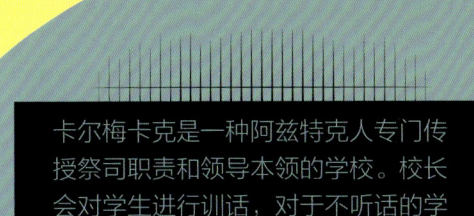

卡尔梅卡克是一种阿兹特克人专门传授祭司职责和领导本领的学校。校长会对学生进行训话，对于不听话的学生，还会施加各种惩罚，包括强迫他们吸入烟雾。

美洲

在印加王国，只有贵族子弟才能接受教育。男孩们学习宗教、天文、地理、语言、几何、历史、诗歌和音乐等课程，女孩们学习家务技能、纺纱和织布。阿兹特克的贵族子弟一般在一所教学严厉的寄宿学校卡尔梅卡克学习，平民子弟在一所专门培养武士和手工业者的学校特波奇卡里学习。男孩们在学校学习各学科知识，接受军事训练，女孩们则在母亲的教导下学习织布和刺绣。

在中国，老师教导孩子要孝敬父母。

亚洲

在印度，信奉印度教和佛教的孩子都在当地的寺庙上学。在中国、朝鲜和日本，学校和学院里教的都是哲学家孔子的学说。在当时的中国，学生想要在朝廷里当官，就必须经过严格的考试选拔。

1167年 牛津大学在英国皇家的支持下快速发展

14世纪 欧洲大多数城镇都有一所文法学校

1170年 巴黎大学成立

1148年 宋朝的朱熹考中进士，后来他成为中国古代影响力最大的思想家之一，提出了"格物致知"的思想

1200年　　　1300年　　　1400年　　　1500年　　21

休闲与娱乐

在中世纪，娱乐活动为艰辛的日常生活提供了一种调剂。每逢季节性的节日和宗教节日，人们便举办盛宴，召开集市，进行大型表演，比如杂技表演和舞熊。在平常，人们听音乐，讲故事，玩棋牌游戏。孩子们玩玩偶，打球，滚铁环，放风筝，骑木马。

中国音乐的演奏乐器包括弦乐器（琴、筝、琵琶）、管乐器（笙）和打击乐器（云锣）等。

在欧洲，表演者们在大教堂前演出《圣经》中的故事，也就是神秘剧。

欧洲

在婚礼上，或者在像五朔节这样的节日里，农民们会在村里的绿地上，伴着管乐和鼓点跳舞。贵族们闲暇时，则去野外打猎或参加各种比赛，有时，行吟诗人也来为他们助兴。行吟诗人是诗人兼音乐家，他们四处游走，擅长演奏小提琴、扬琴和琉特琴等弦乐器。

中亚和东亚

蒙古人通过赛马、射箭和摔跤比赛来庆祝他们的节日。中国人练习武术，还发明了纸牌游戏和棋盘游戏围棋。日本人把围棋写作"碁"。在日本，相扑成为一种受欢迎的表演形式，与此同时，一种叫作"能剧"的戏剧表演形式也很受欢迎，表演时，演员都戴着面具。

---

6 世纪　象棋经由印度传入波斯

6 世纪　东非人已经开始玩门卡拉棋了，这是一种非常古老的益智策略游戏

8 世纪　管风琴进入教堂

法国作曲家圭多·阿雷佐决定性地使用四线谱，并首创六声音阶唱名体系　1025 年

在某种程度上，国际象棋的成形，是在中国象棋的基础上，受了两种棋类的影响：印度象棋恰图兰卡和波斯象棋沙特兰兹。

印度

经典的棋盘游戏，如蛇梯棋、鲁多棋和宫廷十字戏都起源于 6 世纪的印度。13 世纪，德里苏丹统治下的印度，在音乐方面吸收了阿拉伯音乐的某些影响，开始蓬勃发展，当时主要的弦乐器是西塔琴（前身是阿拉伯乐器丹布尔），一般由一对音色高低不同的塔布拉鼓作为伴奏。

美洲

美洲土著儿童玩的游戏有很多，比如：小棍子，一种挑棍子的游戏；弹石子，即沿着一块有记号的木板滚石头；翻花绳，将一根长线两头系住，抻在两只手上，利用绳圈和手指间的嵌套变化，翻转出不同的图案。阿兹特克人会进行一种叫作胶球的比赛，参赛队彼此竞争，传一个沉重的胶球，参赛者要把球穿过一个石环才可以获胜。

帕托利是阿兹特克人的一种骰子游戏。

13 世纪	格里奥是西非诸国传统的史诗说唱艺人，这一传统始于马里
14 世纪	欧洲盛行神秘剧
1314 年	由于足球运动太过暴力，被英国国王下令禁止
12 世纪—13 世纪	十字军东征时期，法国南部的普罗旺斯最早出现了行吟诗人
14 世纪—15 世纪	日本盛行能剧

犯罪与刑罚

在中世纪，犯罪行为会招致严厉的惩罚。对严重罪行最常见的刑罚是死刑，通常是绞刑或直接摧残身体的肉刑，例如，用烧红的烙铁在犯人身上烙印，或是砍下犯人的一条胳膊或一条腿。罪行较轻的人则要受鞭刑，或者被锁在一个叫作木枷的木架上待一整天，以示羞辱。

欧洲

在中世纪早期，攻陷了罗马城的日耳曼人有他们自己的法律法规：如果一个人被杀害了，受害者的家人可以找凶手复仇。被指控为凶手的人要接受"神明裁判"，即接受各种痛苦的考验，看是否受伤，以定有罪无罪。到了 13 世纪，罗马法典取代了日耳曼法律。从那时起，犯罪行为由国家而非个人加以惩戒，审判也由陪审团做出。

在中世纪的欧洲，把罪犯锁在枷上是对轻刑犯的一种常见惩罚。

伊斯兰世界

对穆斯林而言，犯罪是对真主安拉的冒犯。穆斯林根据《古兰经》的教义，制定了名为"伊斯兰教法"的法律。根据教法，盗窃者应被砍手，通奸者被乱石砸死，谋杀犯和叛教者被处以绞刑或斩首。

这幅 14 世纪的波斯画展示了穆斯林社会的刑罚。

- **534 年** 拜占庭帝国皇帝查士丁尼下令编纂的《查士丁尼法典》终于完成
- **约 600 年** 肯特国王埃塞尔伯特颁布了现知最古老的英语法典
- **624 年** 中国唐朝颁行了《武德律》，这是首部唐朝法典
- **750 年—1258 年** 阿拔斯王朝统治时期，伊斯兰世界出现了四大具有广泛影响力的教法学派

在中国，囚犯通常要在脖子上戴上木枷。当时的刑罚包括死刑、肉刑、杖刑和流刑等。

中国

中国在唐朝时期（618年—907年）制定的法典"唐律"，成为中国后世王朝以及朝鲜、日本和越南法律的基础。"唐律"列出了十项不可饶恕的重大罪行，其中包括谋反叛乱，毁坏宗庙、帝王陵墓和宫阙，以及向官府状告父母等。

美洲

在印加社会，作为对民众的警告，罪犯将遭受残酷的惩罚。谋杀者、叛乱者和通奸者皆会被处以死刑，或被绞死，或被石头砸死，或被推下悬崖摔死。在阿兹特克社会，偷盗别人家正在生长的玉米和酗酒也是很严重的罪行，偷盗玉米者会被判处死刑或变为奴隶，而酗酒者可能会被石头砸死或打死。对于犯了轻罪的人，作为惩罚，他家的房子可能会被拆掉，或者他本人被剃光头发。

在阿兹特克社会，俘虏在被处死或用作献祭之前，要用笼子关押起来。

1215年 罗马天主教会禁止教士参与神明裁判，从而有效废止了神明裁判

1374年 中国明朝的《大明律》编撰完成

1200年　　　　1300年　　　　1400年　　　　1500年

宗 教

在中世纪，宗教信仰影响着个人生活的方方面面。在这一时期，占据主导地位的有五大宗教，分别是西方的基督教、伊斯兰教和犹太教，以及东方的佛教和印度教。每一种宗教都有所发展和有所变化，而不同宗教之间，以及同一宗教的不同教派之间，也时有冲突。

南亚

在印度，印度教内部开始了一场新的运动，叫作"虔诚派运动"，主张简化崇拜仪式，鼓励人们通过唱颂来表达他们对某一个特定神的信仰。这个运动从南印度蔓延到北印度，影响广泛。这一时期，佛教虽然在印度逐渐衰落，却传播到了西藏和东南亚的部分地区。到了 13 世纪，伊斯兰教在印度北部确立了自己的地位。

这座印度教的湿婆神神庙建于 1004 年至 1010 年之间，位于印度南部的坦贾武尔。

伊斯兰世界

伊斯兰教的信仰和仪式以《古兰经》为基础，穆斯林相信，《古兰经》是真主给先知穆罕默德的启示。从 7 世纪后期开始，伊斯兰教内部就"谁是穆罕默德的继承者，作为哈里发引导广大的穆斯林"发生了分歧，分裂为两大教派：逊尼派和什叶派。穆斯林严格按照伊斯兰教法规定的准则去生活，而教法规定了他们生活的方方面面，包括饮食、衣着、祈祷和社会交往。大约在 9 世纪，伊斯兰教内部一个叫作苏菲派的神秘分支发展了起来。

苏菲派信徒常因旋转舞这种修行方式被称为"舞蹈的苦行僧"。

---

529 年 圣本尼狄克创立本笃会

6 世纪 中国佛教传入日本

632 年 先知穆罕默德病逝

苏菲派，伊斯兰教的一支神秘主义宗教思潮获得发展 10 世纪

教皇乌尔班二世首次号召基督徒发动十字军东征 1095 年

天主教和东正教分道扬镳 1054 年

印度南部兴起印度教"虔诚派运动" 11 世纪

圣本尼狄克创立了本笃会，他定下了首个基督教修士的修习规则。

欧洲

整个欧洲和俄国的主要宗教是基督教，统称为基督教国家。1054年，基督教会分裂，分为以君士坦丁堡为中心的东正教和以罗马为中心的西方天主教。随着西方天主教会越来越富有，许多执掌教会的教皇在政治上变得非常强大，也滋生出腐败。

阿兹特克人

阿兹特克人信仰的神灵众多，其中最重要的是雨神特拉洛克，命运、战争和巫术之神泰兹卡特里波卡，以及风神和智慧之神，也被称为"羽蛇神"的魁札尔科亚特尔。阿兹特克人把世界分为13个上界和9个下界（冥界）。阿兹特克人相信，人类需要定期献祭人牲才能让神高兴，让太阳继续围绕地球旋转。

图为阿兹特克的"羽蛇神"魁札尔科亚特尔，这个名字的意思是"长着羽毛的蛇"。

1206年—1526年 在德里苏丹国的统治下，穆斯林统治了北印度

1394年 犹太人在法国遭到驱逐

犹太人在英国遭到驱逐 **1290年**

死亡与丧葬

即使在最发达的社会，在中世纪，年纪轻轻就死去也是司空见惯的。导致死亡率高的原因有很多，比如频繁发生的饥荒、战争和传染病，以及糟糕的饮食和卫生状况。根据宗教信仰和习俗的不同，不同文化的丧葬仪式也各有不同。

中世纪的欧洲艺术家经常把死神描绘成一具邪恶的骷髅。

穆斯林伟大的诗人和神秘主义者鲁米（1207年—1273年）的葬礼在土耳其的科尼亚举行。

欧洲

基督徒相信灵魂纯洁的人死后会升入天堂，罪人会下地狱，而忏悔罪过的人会去炼狱，在那里赎罪后才能进入天堂。神父会为弥留之人进行最后的仪式，为他们念祷文并赦免他们的罪。人去世之后，会被埋葬在神圣的地方，比如教堂的墓地或地窖之中。

伊斯兰世界

当一个穆斯林去世后，人们会把他的遗体按照仪式进行清洗，用白布包裹，在三日之内埋葬。遗体会由送葬队伍抬到墓地，头朝南，脚朝北，面朝西安葬，向着圣城麦加。穆斯林相信，那些为了伊斯兰事业而牺牲的人，天堂中有他们的烈士之位。

618年—907年　唐朝时，人们用陶俑为死者随葬

8世纪　查理曼大帝下令禁止火葬

维京人用船为死者陪葬　10世纪

862年　伊拉克萨马拉的戈巴特苏比拉比亚建成，这是现存已知最早的伊斯兰陵墓

中国唐代墓葬里的镇墓兽，甘肃南部出土。

中国

中国人相信，通过随葬一些有用的物品可以帮助逝者在死后的世界更好地生活。尽管这一时期，中国产生了新的信仰——道教和佛教，但是随葬的古老习俗却一直延续了下来。不过，随葬品的性质发生了变化。唐代的陶俑，到了宋代，被纸俑所取代，在葬礼上按照仪式烧掉。

秘鲁凯洛马省的印加墓室。

美洲

阿兹特克人埋葬死者时会随葬衣服、黄金、宝石和羽毛，这样死者就能在冥界安逸地生活。有时候，阿兹特克人会将死者的狗随葬，人们相信，狗的灵魂可以带死者安全到达冥界。大多数普通人埋在自家的地板底下。印加人死后一般会被做成木乃伊，普通人的木乃伊一般埋藏在简单的坟墓里，而统治者的木乃伊会被供在叫作"瓦卡"的庙宇里享受祭拜。

12 世纪　基督教的"炼狱"概念逐渐兴起

14 世纪　阿兹特克人在他们日历的第 9 个月庆祝节日，这个节日演变为现在墨西哥的"亡灵节"

1200 年　　　1300 年　　　1400 年　　　1500 年

术语索引

伊斯兰教 ………… 5
7世纪初产生于阿拉伯半岛的宗教，创始人为穆罕默德，信仰真主安拉。其信徒称为穆斯林，《古兰经》是伊斯兰教的根本经典，被视为真主的启示。

清真寺 ………… 5
伊斯兰教的寺院，穆斯林的礼拜场所。

班图语 ………… 5
班图人是非洲的第一大民族，大致分布在非洲中部和南部，其族群使用的各种语言被称为班图语。

君权神授 ………… 6
封建君主专制制度的一种政治理论，认为君主的权力是神所赋予的，具有天然的合理性。其实，这种说法是君主对其自身权力的合法化、假借神进行统治的手段。

骑士 ………… 6
欧洲中世纪封建主阶级的最低阶层，是领有土地的军人，为大封建主服骑兵兵役。

封建制度 ………… 6
一种政治制度，君主把土地分给宗室和功臣，让他们在这片土地上建国。

代议制 ………… 6
又称议会制，是公民选举代表，组成议会管理国家事务的制度。

休耕 ………… 8
将已经耕种过的农田闲置一段时间，不种庄稼，以恢复土地肥力。

生物防治 ………… 8
利用某些生物来防治对人类有害的生物的方法。如用鸭群消灭蝗蝻和稻田害虫等。

马蹄拱 ………… 10
桥梁、门窗等建筑物上筑成弧形的部分被称为拱券，整体呈马蹄形的拱券即马蹄拱，多见于伊斯兰建筑。

阿拉伯式纹饰 ………… 10
一种装饰设计，由交织在一起的流畅线条组成，多见于伊斯兰艺术和建筑。

哥特式建筑 ………… 10
一种建筑风格，其特征是尖形拱门、肋状拱顶、飞拱、高大的窗户以及华丽的石雕等。

罗马式建筑 ………… 10
一种建筑风格，以圆形的拱门、大型的拱券、沉重的柱子以及带小窗的墙体为特征。

尖肋拱顶 ………… 10
哥特式建筑典型特点之一。建筑内部在两面平行的墙之间做出数条弧形拱券，拱券相交为一个尖点，使整个建筑内部呈现"向上"的视觉效果。

紫禁城 ………… 11
北京旧内城中央的宫城，始建于1046年，为明清两代的皇宫。现为故宫博物院。

十字军东征 ………… 12
1096年至1291年，西欧基督教（天主教）为了从穆斯林手中夺取圣地而进行的一系列军事远征。